기억을 만난 적 있나요?

박완호 시집

시인동네 시인선 089　　　　　　　　　박완호 시집

기억을 만난 적 있나요?

시인동네

시인의 말

어제의 나를 떠올리는 지금의 나는 누구인가?
누가, 무엇이 오늘의 나를 만드는가?

내가 아는 건
내일 어딘가에 서 있을
또 하나의 오늘의 '나'라는 것.

나의 모든 오늘마다
'니'는 존재했고, 또 존재할 것이다.

오늘의 '나'를 기억하는
모든 나에게
이 순간을 바친다.

2018년 봄
박완호

차례

시인의 말

제1부

연두의 저녁 · 13

새를 떠나보내는 저녁 무렵 · 14

구름 탓이에요 · 16

사월의 푸른 밤 · 17

나의 노래는 재가 되었다 · 18

가만히 있으라는 말, · 20

탐닉 · 21

해의 필법 · 22

풍경(風磬) · 24

꽃나무 여자 · 25

사람나무 · 26

새들, 새들 · 28

시월 · 29

저는 모란 · 30

목련의 사내 · 32

제2부

광화문 연가 · 35

꽃의 아이 · 36

저수지 옆길을 걷다 · 38

개꿈 · 40

최초의 낮달 · 41

압록 애인 · 42

바다 · 44

살구나무에게 듣다 · 46

새 · 47

목련소년병 · 48

노동당사에서 사랑을 꿈꾸다 · 50

장미 · 52

하현 · 53

급소 · 54

이별의 발성 · 56

제3부

나의 가게 · 59

배교자 · 60

폴짝, 폴짝, · 62

달밤 · 63

아내의 발 · 64

발효 · 66

구봉리 2 · 67

담 · 68

죽은 친구에게서 문자를 받다 · 70

함박눈 · 71

옆집 여자 · 72

이월, 정선 · 74

구봉리 3 · 75

장모 · 76

낮달인지, 저녁달인지 · 78

제4부

삼월 · 81

진천(鎭川) · 82

은사시나무로 떨다 · 84

무언극처럼 · 86

잠자리 방식 · 87

사월 · 88

부처의 오른손 · 90

나뭇잎 경(經)을 듣다 · 92

거미 · 93

둥글고 붉은, · 94

연싸움 · 96

11월 · 98

하얀 국화 · 99

거울 속 꽃나무 · 100

부론 삼도 · 102

라디오 · 104

해설 상실과 생성의 변증법 · 105
　　　오민석(문학평론가·단국대 교수)

제1부

연두의 저녁

 연두의 말이 들리는 저녁이다 간밤 비 맞은 연두의 이마가 초록에 들어서기 직전이다 한 연두가 또 한 연두를 낳는, 한 연두가 또 한 연두를 부르는 시간이다 너를 떠올리면 널 닮은 연두가 살랑대는, 널 부르면 네 목소리 닮은 연두가 술렁이는, 달아오른 햇살들을 피해 다니는 동안 너를 떠올렸다 아무 소리도 들리지 않는 지점에 닿을 때까지 네 이름을 불렀다 지금은, 나를 부르는 네 목소리가 들려올 무렵이다

새를 떠나보내는 저녁 무렵

단 하나의 새를 멀리 날려 보내야만 하는 시간입니다.

나뭇가지가 아리게 떨려오기 전에 새의 무게를 비워내야 합니다.

새가 맘 편히 떠나도록 햇빛그물이 더 성글어질 때까지는 조금 더 기다려야 합니다.

새가 단숨에 날아오를 수 있게 아직은 가지의 탄력을 붙들고 있어야 합니다.

먼 길 가는 새를 위해 벌레 앉은 이파리 하나쯤 살짝 흔들어도 되겠지요.

텅 빈 자리를 견디려면 새의 그림자까지도 훨훨 날려 보내야 합니다.

가도 가도 아직 날아갈 곳이 남은, 단 하나의 새를 위해 허공의 담장을 허물어야 합니다.

　사랑이라는 매듭으로 새를 묶어두려 하지 말고 남은 한 올의 마음까지 다 풀어내야 합니다.

　더는 뒤를 돌아보지 않도록 하나뿐인 이름을 하얗게 지워야 합니다.

　단 하나의 새라는, 그 기억마저 온전히 지워내는 순간까지는

　나에게로 오는 문을 잠가야만 하는, 지금은 귀먹고 눈멀기 참 좋을 저녁 무렵입니다.

구름 탓이에요

 늑대인 줄 알았더니 양떼라는군요. 머리가 잘려나간 것 같더니 가면을 바꿔 쓰는 중이라네요. 기린에서 사자로, 물고기였다가 고양이였다가, 툭하면 낯이 바뀌는 구름들.

 늑대다, 라고 외친 양치기는 거짓말쟁이가 아니었을지도 몰라요. 거짓말은 애초 구름의 몫이니까요. 몰라, 아니야, 기억이 안 나. 어떤 기억은 헹굴수록 더 흐릿해져요. 구름의 수사는 언제나 도돌이표에 매달려 있고요.

 빈 그네가 흔들거리는 파란 기와집이었어요. 바닥에 흐트러진 알약들이 기와色처럼 번들거렸어요. 담장 바깥에 켜놓은 촛불이 환해질수록 집 안은 더 어두워졌어요. 어둠 속에는 눈과 귀를 틀어막은 개들이 그림자처럼 엎드려 있었고요. 참 파란, 만장한 뜬구름들이었어요.

 구름 한 점 없는 기억을 만난 적 있나요?

사월의 푸른 밤

　오늘밤은, 카불 강가에 누워 안 보이는 별을 헤아리는 아프가니스탄 소녀의 젖은 눈망울이다

　오늘밤은, 지진으로 무너져 내린 다라하라 타워가 대문짝만 하게 실린 신문을 손에 든 네팔 남자의 다문 입술이다

　지진더미 속 스물두 시간, 기적처럼 살아온 네팔 아기의 얼굴을 들여다보는 눈가에 미소가 잠깐 피었다 시들고, 귓속에선 가라앉는 세월의 안쪽에서 딱딱해지는 공기를 찢어가며 울어대는 비명들이 쟁쟁거리는, 사월에서 사월로,

　이마의 붉은 글씨를 뽐내며 세상 벼랑을 건너가려다 주저앉고 마는 발소리들, 구겨진 꿈들을 아무렇게나 쑤셔 넣은 종이박스를 끌어안고 선잠 든 이들의 머리에 내려앉는 하얀 꽃잎들,

　오늘밤만은, 기우는 그믐달 너머 꺼지지 않을 꽃등이라도 환했으면 좋겠다

나의 노래는 재가 되었다

내가 부른 노래들은 재가 되었다.
아직 뜨지 않은 별들만 밤을 서성거렸다.

산비탈에 나란히 서서 보았던
건너편 벼랑의 꽃나무 줄기는 자꾸 말라만 갔다.

시도 때도 없이 피던 꽃들,
아무 때나 날아들던 나비들,

너의 빛나는 순간들이
붉은 저녁의 음계를 따라 저물어갔다.

너를 사랑한다고 했던가? 나는 다만 노래를 불렀을 뿐, 무장해제당한 속내를 고스란히 들켰을 뿐,

쓰다 만 편지의 너의 이름, 구겨진 시간이 삼켜버린 기억들,

입술담배 연기 속으로 눈 시린 글자들을 곱씹으며

어금니 사이로 새어나오는 널 애써 잠그려는 중이었지.

엇갈린 길들이 어디선가 다시 만나듯
재가 된 노래들도
어디서 널 닮은 별들을 낳고 있을 텐데.

가만히 있으라는 말,

 가만히 있으라는 말,

 다 내가 해줄게, 앞에 달린, 넌 그냥 가만히 있어*, 라는 말과는 얼마나 다른가요?

 또 사월이 왔나요? 아직 사월이라고요? 거긴 파랑새가 날아다니나요? 알록달록한 허밍을 불어가며 나비들이 공중을 쏘다니나요? 잠시도 가만히 있지 않는 바람이 나뭇잎들을 쉴 새 없이 건드리나요?

 여긴 바람 한 점 불지 않는 걸요. 친구들의 말소리도 더는 들리지 않아요. 우리가 언제 이곳을 꿈꾸기라도 했나요? 우린 언제까지 이렇게 있어야 하나요?

 가만히 있으라는, 그것 말고 다른 말을 들려줄 수는 없나요? 촛불 켜든 땅꼬마 같은, 들판의 꽃들도 손발가락 쉬지 않고 꼼지락거리며 피어나는걸요.

---

*남진의 노래 〈둥지〉에서

탐닉

  분수대 옆 화단, 길을 지나던 개가 우두커니 서서 노란 꽃의 얼굴을 뚫어져라 들여다본다, 산들

  산들, 콧구멍으로 숨결이 거칠게 들락거릴 때마다 노란 입술을 오므렸다 폈다 하며 꽃은

  저를 쳐다보는 낯선 얼굴 쪽으로 고개를 들이미는데, 둘은 무슨 생각을 하는 건지,

  꽃봉오리를 쳐다보다 입을 맞추다 하는 개의 콧등에 묻은 노랑무늬가 폴폴 흩어질 때, 담장 위에서는

  얼룩줄무늬고양이가 납작 엎드려서는 둘이 주고받는 수작을 눈에 새겨 넣는 중이었다

해의 필법

해의 필체는 부드럽고 따뜻하지만
때로는 난해해서 누구나 쉽게 읽지 못한다.
읽었다 싶으면 바로 바탕을 갈아버리는
날렵한 손,
한시도 한 군데 머물지 않고
이 꽃 저 꽃, 이 나무 저 나무, 바람이 만질 때마다 자꾸만
몸을 뒤적이는 수천수만 잎사귀들, 나비와 새들의 날갯짓
까닭 없이 토라진 여자의 반웃음까지 대번에 짚어내는
기막힌 솜씨로
누구도 흉내 내지 못할 필체를 뽐낸다.
빛을 쥔 손이 살짝만 움직여도
파랗게 일렁이는 지상의 숨결들,
해의 필법은
마주치는 숨결들 속에서 완성되는 것.
하나를 이루는 찰나
그것을 이주 놓아버리는 것이다.
언젠가 내 손에서 피어날
한 편의 시,

바람의 결을 세고 물의 낯을 쓰다듬다
태어나는 찰나 제 목숨을 끊어버리는
빛의 단말마처럼
한순간에 피었다 지는
눈부신 불멸이다.

풍경(風磬)

저건, 차라리 적막이다.

허공의 속내를 헤아리듯 바람결에 저를 맡겼다. 몸속을 불어간 바람 따라 어디든 못 가랴만.

숲에서 온 바람은 서걱대는 풀잎의 음계로, 노을을 스쳐온 바람은 붉은 심장의 연타(連打)로, 바다를 지나온 바람은 흩날리는 포말의 코러스로 물들어 갈 때, 그는

또 어떤 빛깔로 저를 흔드는 허공을 물들이려 한 걸까.

처마 끝, 먼 능선으로 꿈꾸듯 지느러미를 젖는 물고기들.

모르는 걸까,
제 속을 훑고 간 바람이 바로 허공의 속내였다는 걸.

꽃나무 여자

　말할 때마다 입에서 파란 잎사귀가 톡톡 돋는 여자. 새순 같은 팔다리를 쑥쑥 내밀면 손발가락 사이에서 붉은 꽃들이 피어나는 여자. 죽어서 꽃나무가 되고 싶은 여자. 나는,

　그녀의 손이 가닿는 자리마다 눈뜨는 연둣빛 떡잎이었다. 발그레한 꽃봉오리였다. 허공에 살포시 번지는 나비의 숨결이었다. 고요 직전의 단말마, 거칠게 몰아치던 빗줄기였다.

　저 꽃은, 아까만 해도 숨이 멎어 있었는데 그녀의 손이 닿자 갑자기 감았던 눈을 뜨네. 꽃나무의 넋은, 그녀의 어디쯤 깃들었다가 꽃의 숨결을 일깨운 걸까?

　끝났다 싶은 사랑의, 문득
　문득, 되살아나는
　소스라치는 감각 같은, 그녀는

　애초부터 꽃나무인, 꽃나무가 아니면 아무것도 아닌, 나의 꽃나무인, 나를 꽃나무로 만드는, 단 하나의!

사람나무
―이길래 작가의 〈인송(人松)〉

나무속으로 걸어가는 사람은 그림자가 보이지 않는다.
나무에서 빠져나온 사람도 제 그림자를 남기지 않는다.
나무 밖으로 나오는 사람과 나무속으로 들어가는,
서로 다른 쪽으로 걸어가는 두 걸음이
둘인 듯 하나인 듯 겹치는 순간, 나무는
사람의 눈을 뜨고 사람의 꿈을 꾸기 시작한다.
세 개의 다리로 바닥을 짚고 서서
먼 곳을 바라보는 사슴나무처럼,
어딘가를 향해 당장이라도 달려갈 것만 같은
누군가에게로 이미 다가서고 있을 것만 같은
한결같은 마음의 자세를 애써 갈무리하며, 나무는
새로운 종(種)으로 태어나는 중이다.
청동의 몸에 스민 순도 높은 생명의 넋을
자유롭게 풀어놓고 상상의 줄기 따라
영원으로 치닫는 나무의 영혼과
나무를 닮은 사람의 마음이 하나로 맺어진
그의 나무들.
그 속 깊이 깃들어 있던,

제 그림자를 지운 사람의 정신도
나무의 숨결을 따라 꿈꾸듯
허공 안팎을 눈부시게 일으켜 세우며
온전한 사람나무가 되어간다.

새들, 새들

    양쪽 귀를 닫은 새들이 노래합니다. 날갯죽지로 두 눈을 가린 새들이 날아듭니다. 발가락 부러진 새들이 불타는 숲을 종종걸음으로 가로지릅니다. 서둘러 익은 사과가 붙들었던 가지를 놓으며 안녕, 엄마보다 늙어버린 아이처럼 땅바닥에 떨어집니다. 부서진 온도계 눈금에 걸린 시간은 계속 제자리걸음을 걷는 중입니다. 떨어진 사과는 냄새만으로도 벌레들을 불러들입니다. 한쪽 눈을 뜬 새들이, 한쪽 귀를 연 새들이, 한쪽 다리를 절룩대는 새들이 하나 둘 날아오르기 시작합니다. 숲 가운데 서 있는 나무의 그림자가 조금씩 흐릿해집니다. 눈귀 밝은 새들은 제 그림자를 스스로 지워가며 어디론가 떠나가고 있습니다.

시월

   절반 모자란 그늘을 붙들고 늘어진 은행나무의 시간입니다. 진작 노래진 잎들이 초록의 기억을 떨구지 못한 잎들을 재촉합니다. 풀벌레의 연주가 시작될 무렵입니다. 나무에 기대인 사람의 부은 목울대가 공원 모서리처럼 먹먹해집니다. 나는 아직 초록을 건너는 중입니다. 가다 서다를 거듭하는 바퀴가 향하는 곳에 서 있을 누군가에게로 계절이 기울어갑니다. 수많은 잎들이 하나의 이름으로 반짝이는 순간입니다.

저는 모란

모란의 삼월은 절름절름 다녀간다.
어느 결에 봉오리를 맺고 잎을 떨구었는지
모르는 사이 모란은 드문드문 풀어놓은
숨 가쁜 봄 근황을 바삐 주워 담는다.
출근길의 모란역 지하도,
소아마비라도 앓았는지, 저만치
한 여자가 기우뚱기우뚱 지나간다.
구부러진 양 날갯죽지는 아예 주머니에 구겨 넣고
자꾸 옆으로 새는 걸음을 가까스로 추슬러가며
한 발 한 발 앞쪽으로 걸어가는 중이다.
느릿느릿 허나
가야 할 곳으로 기어이 나아가려는
눈부신 전진,
사방에서 폭죽처럼 터지는 눈길 따위야
아랑곳없이 써 내려가는 명문(名文) 같은.
쓸데없이 바쁘기만 한 나는
서둘러 그녀를 추월하고야 말지만
눈앞 유리에 비친 세상 속 그녀는

잰걸음으로 막 사각에 접어드는
내 손끝으론 만질 수 없는 곳에 핀
환한 꽃, 저는
모란이야,
눈앞이 절정이다.

목련의 사내

내연이라는 말이 살갑게 와 닿는 날이면, 햇살 들지 않는 다락방 구석에 종일 쪼그려 있거나 이목구비 없는 꿈속 여자의 그림자라도 되고 싶어지지.

첫사랑보다는 가깝고 마지막으로 헤어진 사람보다는 먼, 누군가가 갑자기 눈에 밟히는 봄날. 호박꽃에 세 들었던 벌은 꽃방 가득 날갯짓 무늬만 남겨두고는 어디로 갔을까.

빗기 젖은 돌담을 기어오르는 담쟁이들, 조금만 더 가면 목련꽃 탐스러운 얼굴이 보일 것도 같은데, 애를 써봐도 비탈을 넘지는 못하고 이파리만 점점 새파래져.

목련의 사내가 되고픈 봄밤이면 가지마다 하얀 알전구들이 켜지기 시작하지. 연신 헛손질만 해대는 그림자 하나 밤새 꽃나무 아래를 서성이고.

제2부

광화문 연가

 그날, 촛불 한가운데 서 있던 농인(聾人) 설혜임 씨는 다른 사람들이 외치는 소리가 들리지는 않아도 가슴이 팡팡 울렸다고 했다. 아름다운 소리는 귀가 아닌 가슴에 먼저 가닿는 걸까. 어느 순간 설혜임 씨의 박동 소리에 맞춰 나의 가슴도 팡팡 울리기 시작했다. 유모차에 앉은 어린아이의 눈부처가 해맑게 반짝일 때, 한꺼번에 두드리는 백만의 북소리가 광장의 어둠을 조금씩 밝혀가고 있었다.

꽃의 아이

돌아갈 수 있다면 그리운 그녀의
자궁 어디쯤 꽃밭 하나 동그랗게 일구고 싶네.
붉고 노란 꽃들도 좋지만
소복처럼 희디휘
꽃들을 골라 한쪽에 모아두고
기도하듯 날마다 손길로 어루만지며
엄마, 엄마 하고 나지막이 속삭여야지.
그럼 꽃들은 우쭐, 작은 봉오리를 일으키고는
엄마 눈썹처럼 살짝 흔들리기까지 하면서
나를 가볍게 달래주겠지. 나는
꽃이 낳은 자식.
내 속엔 꽃의 분홍, 꽃의 노랑, 꽃의 빨강
또 꽃의 하양이 한꺼번에 고여 있지.
나는 꽃을 노래하는, 꽃의 아이.
바람 불 때마다 은근슬쩍 춤도 춰 가며
내 속을 흐르는 하얀 꽃의 유전자를 피워내고 있네.
다시 돌아갈 수만 있다면 나는
그녀의 둥근 꽃밭에 피는

어리고 새하얀 꽃이 되고 싶네.
자궁 속 한 점 꽃의 숨결로 맺었다가
첫 숨 내쉬듯 봉오리를 환하게 열어젖히며
그녀의 첫 기쁨이 되고 싶네. 그녀의
다섯 손가락 가운데 하나,
세상 하나뿐인 그 꽃이 되고 싶네.

저수지 옆길을 걷다

저수지 옆길을 따라 무작정 걸을 때였다.
불현듯 네가, 내 속으로 미끄러져 왔다.

저 꽃은, 영산홍인지 철쭉인지를 묻고 싶었는데
엉겅퀴에 날아와 앉은 나비 날개에 난
꽃 숨결이 새겨놓은 가느다란 줄을 따라
어디로든 가고 싶었는데

저수지 옆길은 너무 좁고 더러는 젖어서
서로 간격을 좁혀가며
둘인 듯 하나인 듯, 걸어가고 있었는데

문득, 너의 길이 나의 길에게로 나의 길이 너의 길에게로
다가서고 합쳐지고 갈라지기 시작했다.
너와 나의,
두 삶이 하나로 포개지려는 찰나였다.

저수지 옆으로 난 길은

때로는 없는 길처럼 보이기도 했지만
너와 나는,
각자의 길을 찾아 걸어가는 중이었다.

개꿈

 죽은 지 하루도 안 지났는데 누군가 내 생을 송두리째 베낀 책을 들고 달려온 것이었다. 나는, 나무가 될까 새가 될까 도로 남자가 될까 여자가 될까를 고민하던 중이었는데. 달빛 발목 꺾인 채 주저앉은 골목 구석에 웅크리고 그믐달처럼 흐느끼고 있었는데. 흑백사진에서 나온 어떤 사내가 다짜고짜 뒷덜미를 잡고는 날 어딘가로 데려가려는데. 밑동 잘려나간 나무들 줄지어 선 곳을 지나며 무슨 노래를 막 부르려는 참이었는데.

 도무지 죽고 싶은 마음이 들지 않는, 참 이상한 날이었는데.

최초의 낮달

 투명 수채화에 묻은 얼룩처럼, 낮달이 허공호수에 첨벙 뛰어들었다

 아파트 사이로 흐르는 물살에 첫 발자국을 찍어놓고는

 사색에 잠긴 시인의 걸음보다도 느리게 햇살 쟁쟁한 1월 초하루의 모퉁이를 서성거리는데, 낮달이

 콘크리트 건물 사이에 끼여 이러지도 저러지도 못하는 찰나, 어디서 새 하나가 날아와서는

 낮달을 물어다 최초의 열매처럼 나뭇가지에 매달아 두고는 순식간에 떠나가 버리는 것이었다

압록 애인

너를 어떻게 불러야 할까.
압록 강가 저만치
백양나무 줄기 같은 다리를
가지런히 오그리고 앉아 너는
무슨 노래를 부르는 중이었나.
물살이 몸을 뒤척일 적마다
네 귀에만 가닿았으면 하고
남 몰래 띄워 보낸 나의
뜨거운 속말들.
너의 등 뒤로 가지런히 늘어선
백양나무들 그림자 하얗게 흔들어가며
날더러 또 뭐라 손짓을 하지만
우리는 서로의 말을 알아듣지 못한다.
너는 나를 부르지 못하고
나는 너를 부를 수 없는 지금,
압록의 물낯만 저리게 반짝이는데
홀로라도 나는
그 순간의 너를 애타게 찾으며

또 하나의 그리움을
운명으로 끌어안으려 한다.
압록 강가에서 마주친
나의 눈부신 사람아.

바닥

당신과 나 사이 저 바닥이 없었다면
우린 무얼 밟고 구름 너머로 날아갈까
나는 지금의 당신을 안고
예전의 당신과 사랑을 나누지
삼키기도 뱉기도 어려운
비곗덩어리 같은,
저 바닥이 아니라면 우리가
꿈꿀수록 더 깊어가는 절망의
끄트머리를 붙들고 매달려서는
하나뿐인 生을 기꺼이,
재빠르게 탕진할 수 있었을까
당신은 항상 바닥의 나를,
나의 바닥을 바라보려 하지
당신이 나의 바닥인 줄 모르고
나를 자꾸 바닥으로 몰아세우지
당신과 나 사이에 저 바닥이
애초에 존재하지 않았더라면
우린 어떻게 서로를 받아들였을까

나의 바닥인 당신,
당신의 바닥인 나

살구나무에게 들다

살구나무에 켜놓은 오 촉짜리 전등에
조금씩 빗방울이 들기 시작합니다.
든다는 말은 얼마나 켕기던가요.
노란 등에 드는 빗물은 노랗게,
파란 등에 드는 빗물은 파랗게,
살구나무 가지를 건드리고 있을 때
色色이 켕기는 맘을 달래가며
살구나무 아래를 서성이는
내 귓가에 내리던 발자국 소리.
당신이었나요? 그날,
얼마나 먼 길을 돌아왔으면
퉁퉁 부은 발목을
살구나무 아래 묻던.

새

 그늘 아래 그림자를 떨구고 가는 새가 발음되지 않는다. 머릿속을 맴도는 사람의 이목구비가 흐릿해진다.

 구름이 바뀌기 전의 얼굴을 복원하지 못하듯, 거울 속의 사람도 아까의 표정을 또 짓지 못한다. 돌이킬 수 없는 허공, 제 그림자를 부려놓고 간 새는 어디쯤 날고 있을까?

 나뭇가지에 또 날아와 앉은 새가 제 무게를 바닥에 내려놓는다. 갑자기 새의 이름이 떠오르지 않는다.

 이목구비가 지워진 그늘, 새의 그림자가 보이지 않는다.

목련소년병

지난겨울 가지치기 당한
언덕배기 목련나무,
새로 뻗어 나온 가지들을
일제히!
공중으로 치켜세웠다.

어깨총을 한 소년병들이
차렷! 소리에 놀라서는
구름 따라 빙글, 헛돌았다.

무리에서 빠져나온 앳된 군인 몇이
하얗게 켜진 조그만 꽃등을
총구에 달고는 하늘에 대고

받들어 꽃! 할 때

엉겁결에 부동자세로 올려본 허공이
거꾸로 돌기 시작하더니

내 몸속 깊숙이 숨었던
어떤 감각이
허리를 꼿꼿이 세우는 것이었다.

뾰족한 꽃봉오리를 하늘 쪽으로 내뻗는
목련소년병들을 따라 나도

…… 꽃, 꽃, 꽃 ……

노동당사에서 사랑을 꿈꾸다

노동당사에서 한때의 사랑을 꿈꾸었다.
오래전 당신이 앉았을 곳을 찾아
텅 빈 자리를 짚어가는 바람과
앞선 발자국을 가만히 뒤따르는 키 작은 그림자,
나의 사랑은 그런 것이다.
부서진 계단을 오르다 말고
남쪽을 바라보는
당신의 속 깊은 눈빛 닮은 노을이
한쪽으로 쏠리는 머리카락을 물들일 때, 나는
부러진 가지 끝 빛바랜 솔잎을 스치는 바람처럼
무너진 벽에 기대어 선 어깨에 얹히는
석양의 손짓을 따라
북쪽 하늘을 천천히 색칠할 것이다.
외로이 서 있는 우리의 시간이
흐릿해지는 산 그림자 속으로 깃들고
금 간 벽을 울리는 노랫소리가
서로를 스스럼없이 넘나들기 시작할 때
추억마저 황폐해진 이곳에서 나는

결코 색바래선 안 될
당신의 한때를 떠올리고 있었다.

장미

한 여자, 홀로 허공에 서 있다

등 너머로 보이는 유리창은 며칠째 안구건조증을 앓는 중이다 흙먼지를 내며 바람이 계단 아래로 달아난다 빼빼 마른 개나리 줄기가 가리키는 쪽으로 가던 사내의 어깨가 갑자기 지워지는 순간, 낯빛 붉은 여자의 몸이 중심을 잃고 흔들린다, 저만치

손을 흔드는 사내가 보인다 안녕, 하는 소리가 들린 것도 같다 여자도 손을 흔든다 붉은 시간이 둘 사이의 여백을 색칠하기 시작한다 문득, 사내의 이목구비가 떠오르지 않는다 도리질하는 여자의 몸이 한꺼번에 시들어 간다

여자를 비워낸 허공이 까마귀 낯빛처럼 질려 있다

하현

어제의 달을 오늘에게 또 달아주었다
전깃줄에 줄지어 앉았던 검은 새들이
남몰래 한 점씩 떼어가는 걸까
달의 모서리가 한층 수척해 보였다
달빛 쪽으로 걸어가는 사람의
그림자도 날마다 조금씩 야위어갔다
느티나무 아래 앉아 있던
허옇게 서리 내린 여자가
티 나지 않게 오랫동안 휘어온
하현의 허리를 일으켜 세운다
나도 모르게 손을 내밀어선
슬며시 기운을 보태주려는데
그새 더 수척해진 달이
괜한 짓 말라며
한사코 손을 내젓는다
오늘 달빛은
가만히 내버려둬도 되겠다

급소

나는 급소가 너무 많다
감추고 싶은 게 생길 때마다 하나씩 늘어난다
툭하면 자리가 바뀌는 탓에
어디가 급소인지 깜빡할 때도 있다

아까도 한방 제대로 맞았지만
어제의 급소는 말짱한 대신
난데없는 헛손질이 그만
오늘의 급소를 건드렸다

바로 거길 가려야 해
가장 치명적인 곳, 하지만
벼락은 늘 낯선 자리에 와 꽂힌다

오래전 내 급소는 엄마였다
엄마란 말만 들어도 죽고 싶었던,
죽는 게 꿈이었던 날들

엄마를 지나 아버지를 지나 또 누구누구를 지나
자꾸 급소가 바뀌어 간다

이제는 급소가 너무 많아
눈을 씻고 봐도 안 보이는,
아무 데도 없는 것들 때문에 아파질 때가 있다 지금은

얼굴 없는 당신이 가장 치명적인 급소이다

이별의 발성

　문득, 길들이 송두리째 지워졌다 언젠가 가볍게 던진 말들이 부메랑이 되어 날아들었다 칼날에 스친 말들, 잘려나간 받침들이 바닥을 굴러다녔다 이별의 기미는 자주 모음에서 비롯되는 법, 안녕, 이라고 말하는 여자의 얼굴이 물낯처럼 차게 반짝였다 햇살 아래 서 있는 사람은 해 지는 데서 왔는지 몰라, 그리로 한 발 다가서면 늘 한 발짝 앞서 비껴가곤 했다 발소리가 들리지 않을 때마다 고개가 젖혀지며 나는 소리보다도 먼저 그림자를 놓치고 있었다 어떤 사랑은 임계점을 넘지 못한다고, 붉은 신호등 앞에 설 때마다 누군가는 이별을 말하지만 그 소리는 번번이 귓전을 비껴가고 있었다

제3부

나의 가계

   나의 가계는 고향집 뒷마루 먼지 뒤집어쓴 채 엎어져 있던 낡은 거울입니다. 끝 페이지가 찢어진 연애소설의 누군가 침 바른 연필로 꾹꾹 눌러 쓴 글씨 자국입니다. 흐릿해진 글자들을 덮으려다 떠올린 초등학교 옆 골목, 달맞이꽃 핀 마당을 훔쳐보는 까치발입니다. 을지로에서 광화문, 백만 인파를 헤치고 달려가 기어이 만난 친구의 허술한 웃음입니다. 그의 어깨 너머 눈 시리게 나부끼는 촛불 너울입니다. 광장의 밤하늘을 맴도는 새들, 잿빛 허공에 새겨지는 속 맑은 울음입니다. 시인이란, 슬픈 천명인* 줄로만 알다 뒤통수 된통 얻어맞고도 또 펜을 드는 난, 아직 나를 다 알지 못합니다.

---

*윤동주, 「쉽게 씌어진 시」.

배교자

아버지는 엄마의 하나뿐인 종교였다.
삐딱하게 기운 살림을 건드리고 가는
이교도들의 거친 발길이야 참을 만했지만, 누구든
아버지를 불경스럽게 입에 올리기라도 하면
종교전쟁도 불사할 태세였던 엄마.
단단한 믿음이 꽃을 피우기도 전
느닷없이 신전을 떠나버린
나의 마리아.
하나뿐인 신도를 잃은 아버지는
세상 절벽 아래를 서성거리다
작은 돌멩이에 걸리기라도 하면
아무 데서나 고꾸라지곤 했다.
나나 누이들은 아무래도
아버지의 신도는 되지 못했지만
한낮에도 해가 뜨지 않는
하루하루를 끼니처럼 이어가며
엄마의 부활처럼
빛나는 죽음을

간절히 꿈꾸던 날도 있었다.
아버지가 엄마의 종교였던 날들은
오래전에 지나갔지만
어떤 사랑은 가끔
종교보다 강한 무언가가 되기도 한다.
엄마는 죽어서도 살아
나의 신앙이 되었지만,
아버지는 죽고 나서야
엄마의 신도가 되었다.

폴짝, 폴짝,

먼저 간 언니들이랑
한바탕 신명나게 놀다가는
누가 더 멀리 나가나
폴짝, 뛰어올랐다
쿵, 하고 바닥에 떨어지고 나니
그게 죄다 꿈이었더라는,
장모님의 허릿병 도진 이야기를 듣다가
꿈일망정 나도 누구누구랑
폴짝, 뛰어보고 싶어졌다
이승과 저승의 갈림길을
이쪽에서 폴짝,
저쪽에서 폴짝,
한 번씩 왔다 갔다 하면
얼마나 좋을까

달밤

 달빛에 깨물린 어둠이 소름으로 돋아났다. 꽃동산에 서 있는 할머니 그림자가 자꾸 읍내 쪽을 기웃거렸다. 개울을 건너는 발자국 소리가 들려올 때마다 달빛이 향나무 가지를 흔들어 할머니의 그림자를 구부려놓았다. 발소리가 끊어지기라도 하면 다리 밑을 흐르던 물길이 오 리 넘는 길을 한달음에 달려와 나지막이 노래를 불러주었다. 밤 깊도록 아무도 오지 않고 할머니 그림자만 어제처럼 반짝였다.

아내의 발

꿈에서만이라도 꽃길을 걷고 싶은 걸까?
잠든 아내의 발이 꽃무늬 쪽으로 옮아간다.
딴 데 눈 돌릴 틈 없는
가난과 남모르는 속앓이가 키워냈을
발가락의 굳은살들.
지금껏 내가 준 것은 먹먹한 돌길뿐이었나.
꽃무늬 쪽 이불을 끌어다 깔아주고는
슬며시 아내의 발을 만져가며
수화처럼 건네는 나의 속말을
그녀는 듣지 못하고
꿈에서도 돌길을 밟는지 아픈 숨소리를 낸다.
잠든 아내의 발에 손을 대고 나는
그녀가 저도 모르게 내 앞에 깔아 논
모난 돌길 위에 모르는 척 맨발을 얹는다.
서로 꽃길을 주마 하던 다짐 대신
한 발짝 내딛기도 힘든 돌길을
모르게 맺힌 물집이 굳은살이 되도록
따로따로,

아파하며 걸어온 게 우리 지난날이라니.
돌아가기엔 너무 멀리 와버린 두 목숨이
바닥에 함부로 나뒹굴려는
낯선 갈림길,
혼자서는 한 발짝도 뗄 수 없는
꽃길도 아닌 벼랑길을 따라
아내의 발이 자꾸만
눈길 밖으로 달아나려 한다.

발효

   대상포진을 앓는 노인이 햇볕으로 고통을 달랜다. 유리를 관통한 햇살이 주름 속 기억을 부드럽게 핥아준다. 발열의 아픔을 파고든 빛줄기가 퇴화된 감각을 되살렸는지 딱딱하던 숨결이 밥공기에 서린 김처럼 몰랑해진다. 라디오의 네 박자를 따라 꼼지락거리는 발가락들. 햇살은 굳어가는 생의 감각을 발효시키는 힘을 지녔다. 얼었던 식물의 뻣뻣한 뼈마디에 생기가 돌게 하고 녹슨 자전거의 바퀴를 굴리는 것도 햇살의 힘이다. 담벼락에 늘어서서 햇빛바라기하는 아이들을 보던 노인이 오래 발효된 웃음 하나를 아리게 깨물었다.

구봉리 2

 엄마, 하고 부르면 음매, 하고 따라 울었다. 여물을 씹다 말고 어미 소가 뒤를 돌아보았다. 담장 너머 살구가 노을에 물들어 갔다.

 진흙 묻은 아빠의 구두는 뒤축보다 앞쪽이 먼저 닳았다. 백곡산자락부터 따라왔을 도깨비바늘이 잔뜩 달라붙은 바지를 입은 채 엎드린 그이한테선 만날 소주 냄새가 진동을 했다.

담

　공사판 목수였던 아버지는 언제나 담을 끼고 살았다.
　오른쪽 왼쪽 허리를 엇박자로 오가던 담이 어깨 쪽으로 쏠리기라도 하는 날이면
　어느 편으로도 돌아눕지 못하는 몸을 쓰디쓴 소주로 달래던
　아버지. 툭하면 술에 취해 아무 데나 엎어져 있는
　그이를 간신히 데려다 방바닥에 눕히곤 했던,
　마흔셋 한창 나이에 혼자된다는 게 어떤 건지
　도무지 알 수 없던 나의 사춘기는
　먼저 간 엄마가 그리운 만큼 아버지를 원망하는 날들로 가득했다.
　누구라도 미워하지 않고서는 도저히 견딜 수 없었던 그때,
　그이는 내 미움을 쏟아부을 하나뿐인 누군가였다.
　마흔셋에 떠난 엄마나 환갑도 못 채우고 간 아버지나
　누구 하나 제대로 사랑하지 못하고 여기까지 와버린 나.
　까닭 없이 찾아든 담을 앓는 밤,
　어디서 아버지의 신음 소리가 들려온 것 같아
　아무도 없는 방 안을 여기저기 기웃거리다

어둠 속에 숨어 울먹이는 그이의 어깨를
쏙 빼닮은 얼굴 하나와 마주친다.
그이가 날마다 끼고 돌던 담 모퉁이,
언 발을 동동 굴러가며 아버지를 기다리는
열 몇 살짜리. 먼 길을 돌고 돌아
그날의 담벼락 다시 몸속에 일으켜 세우는
나와는 구석구석 참 많이도 닮아 있다.

죽은 친구에게서 문자를 받다

죽은 친구가 보낸 문자를 받았다
장례식에 다녀가서 고맙다는
그 말이 꼭 하고 싶었을까
제 덕에 만난 벗들과 맞잡은 손을
이제는 놓치지 말라는 말을
덕담 삼아 해주고 싶었던 걸까
서산에서 온 친구는 서산 쪽으로 떠나고
우리는 또 각자 왔던 곳으로
티격태격 걸어가는 중일 텐데,
하루아침에 미망이 된 여자의
창백한 인사를 마주하기 어려워
양옆의 어린 것들에게 눈길을 돌렸더니
제 사람에게 너무 차갑게 굴지 말라고
혼이라도 내주고 싶었던 걸까
느닷없이 날아온
죽은 친구의 문자,
초가을 새벽바람이
오늘따라 따뜻하다

함박눈

흰 고양이들 지붕 위를
소리 없이 건너다녀요.

창문 밖 출렁이는 나뭇가지마다
반짝이는 울음 매달고

가로등 불빛 따라
사뿐사뿐 맨발로 뛰어가요.

그만 들어오라고
엄마가 부르지 않았다면 나도

고양이랑 나란히
어디론가 달려가고 있을 걸요.

옆집 여자

옆집 여자의 귀는 목련나무 잎사귀를 닮았네
별것도 아닌 걸 신나는 얘깃거리로 만드는
붉은 혀를 지닌, 그이의
귀가 한번 팔랑일 때마다
접시엔 갓 볶은 말들이 담기지
목련나무 잎사귀를 굴러온 물방울 같은
말랑말랑한 말들, 말들,
오늘은 누구를 반찬 삼아
밥 한 끼를 뚝딱 먹어치우나
어떤 소문을 안주 삼아
누구와 술을 나눠 마시나
그이의 귀에 대고 슬며시
맛있는 말 한 접시만 더 달라면
갓 구워낸 소문이 가득 담긴
그릇 하나를 은근슬쩍 건네줄까
버스 뒷자리 수다 떠는 여학생들 같은
초저녁별이 하나둘 떠오르기 시작하면
나도 얇고 커다래진 귀를 팔랑이며

자꾸 옆집 여자를 닮아가네
종일 입에 달고 있던 노래를 흥얼대며 가고 있을 때
어디서 내 이름을 부르는 소리가 들려올 때처럼
싱싱해진 귀를 쫑긋 세우고는
누군가처럼 되고 싶을 때가 있네

이월, 정선
—상정바위

설산의 새벽은
어린 고라니 눈빛처럼 싱싱하다.
산막의 낮은 처마 끝에서는
고드름에 비치는 어둠의 감정이
서툴게 떨려오기 시작한다.
밤새 몰아치던 폭설의 잔해가
미명의 눈꺼풀 속으로 잠겨들 때,
눈 위에 새겨지는 누군가의 발자국 소리 따라
적막의 대오가 조금씩 흐트러져 간다.
어디서부터 길을 잃었을까?
돌개바람에 싸여 헛돌던
눈발이 산등성이 쪽으로 휘몰아칠 때,
갓 눈뜬 고라니의 숨결처럼
서서히 떠오르는 능선의 나무들.
겨우내 뒤집어쓰고 있던
눈 그림자의 무게를 떨어내며
안 보이는 흔들림 속으로
천천히 봄 기지개를 켜고 있다.

구봉리 3

신작로를 벗어난 길이 산등성이 너머로 지워지려는 판이었다.

엇박자를 짚는 할아버지 지겟작대기에 부딪힌 초저녁 햇살이 소 잔등에 옮아붙고 있었다.

부엌문 여는 할머니 손바람에 굴뚝 연기가 한쪽으로 기울어가고,

여물통 앞을 맴돌던 송아지가 겅중겅중 뛰기 시작하는, 그럴 무렵이었다.

장모

막내가 세상을 떠난 줄도 모르면서
자꾸 빈 숟가락을 들었다 놓았다 하는
팔순 장모의 저녁 밥상 위로
누군가의 핏기 없는 단말마 같은
적막이 숟가락에 잠깐 머물다 간다.
떨리는 입술을 가만히 깨물어 가며
늙은 어미의 낯빛을 읽어보는 아내의
낮달처럼 모서리가 일그러진 사투리도
장모의 허기를 다 건드리지는 못한다.
새로 담근 파김치는 파릇한 향을 풍기지만
파릇함과 붉음, 또는 늘어짐의 간격은
말 한 마디 없이 먼저 떠난 막내아들과
늙은 엄마의 거리만큼 아득하고도 가깝다.
죽은 아들은 어미 앞에서만은
제 형을 따라 캄보디아라던가 하는
생전 들어본 적 없는 나라로 가고,
속도 모르면서
이미 지워진 자식의 발자국을 헛짚어가며

늙은 어미는 어미의 방식으로 하루를 견딘다.
아내는 또 아내대로
어제처럼 다가올 내일을 말없이 건너갈 것이다.

낮달인지, 저녁달인지

송정암 머리 위에 생뚱맞은 물음 하나가 떠올랐다.

혜범 스님은 모르는 척 자꾸 엉뚱한 데만 쳐다보았다.

---

*강원도 원주에 있는 작은 절.

제4부

삼월

고양이가 봄을 할퀴자
허공에서 핏물이 흘렀다

꽃이라는 이름의,

붉은 혀를 내밀며
가늘고 긴 모가지들이
천천히 봄을 조율하고

손톱에 찢긴 하늘에서는
나비들이 쏟아져 나왔다

진천(鎭川)

커피숍 아르바이트 첫날
흰 와이셔츠가 없어서
친구 아버지 걸 얻어 입는 일.

스물한 살,
처음 입어본 와이셔츠는
교회 장로였던
친구 아버지의 마음씨처럼
하얗게도 늙었었지.

가난은 또,

전역한 다음 날
애인 만나러 가는 길
입을 게 없어서
할아버지 걸 빌려 입는 일.

서너 겹으로 접힌 허리춤을 가리려

여든 살 노인네의
흰 남방을 겉으로 내놓는 것.

웃는 애인의 눈에서 찔끔,
물기가 새어나게 하는

나도 덩달아 질끈,
눈을 감아버리고 마는.

은사시나무로 떨다

백두산 천지 가다 만난 은사시나무는
저마다 삐딱한 자세로 서 있으면서
땅 밑으로 맨발가락을 서로 간질이듯
달아오른 숨결을 가쁘게 뱉어내고 있었다.

잔뿌리가 움켜쥐고 있던 단 숨결이
산자락을 춤사위로 엮어내는 중이었다.

아래쪽 자작나무는 앞선 은사시나무가 부러운지 연신 손을 흔들고
은사시나무는 저도 여기까지란 듯 남은 힘을 죄다 쏟아내는데

천지 가까이 잔설 덮인 언덕배기
바닥에 납작 엎드린 두견화들.

사시나무 떤다는 말이
몸뿐 아니라 마음을 겨냥하고 있음을

눈보다 가슴이 먼저 받아들이고 있었다.

천지 쪽으로 치닫던 은사시나무의
뾰족해진 마음이 산자락을 뒤흔드는 걸
떨려오는 고동 소리로 새기는 순간,

은사시나무도 나도
한 몸인 듯 흔들리며
천지 속 물그림자로 맺혀지는 중이었다.

무언극처럼

 나무 몇 그루 무언극(無言劇) 대사처럼 서 있었다. 등화관제의 기억에서 걸어 나온 그림자가 새벽 부둣가에 다다르고 있었다. 발화되지 못한 외마디가 밀사(密使)처럼 눈앞을 스쳐갔다. 바람꼬리에 매달려 가는 소리를 쫓아 나는 말이 보이지 않는 데까지 따라가 보았다. 거기서도 나무 몇 그루는 여전히 무언극 무대의 배경으로 아리게 흔들리고 있었다. 말은, 말이 없는 데서 더 번뜩였고 누군가는 말 한 마디 없이도 스스로를 짓고 있었다. 나도 그 곁에서 침묵이 빚은 노래를 꿈꾸었지만, 한 그루 나무로 서 있을 때 누군가는 그 앞을 그렇게 스쳐갔을지도 모를 일이었다.

잠자리 방식

 곡선을 배제한 직진 혹은 날카로운 꺾임. 직구 일변도의 고집스런 투구지만 강속구를 던지지는 못한다. 느리면서도 흔들림 많은 직구 하나만으로도 평생 잘 버텨왔다.

 가을이 가까워질수록 등판 횟수가 늘어나는, 빨간 스타킹을 신은 야구선수들. 사춘기의 뒷골목 같은 수수밭 너머 하늘을 빙빙 도는 비행소년들. 탁, 탁, 툭하면 끊어지는 리듬을 기차게 타고 도는 거리의 춤꾼들.

 고추 같은 거 안 먹고도 맴맴 돌며, 비딱한 걸음걸이로 공중을 떼 지어 돌아다닌다. 둘인 듯 하나인 듯, 늘통 난 꿈의 체위로 하늘침대 잠자리에 드는 잠자리들.

 …… 당신, 속지 마라. 정작 들킨 건 나다.

사월

동주와 승희와 셋이서
설익은 시들을 곱씹어가며
뒤죽박죽, 쓴말을
야구공처럼 주고받을 때
창밖 귀머거리 사월은
어떻게 우릴 엿들었을까

두툼한 알약 봉지에 놀란
나이롱환자처럼 휘둥그레져서는
꽃잎 뚝뚝 떨궈가며
고해성사라도 하고 싶었을까

열 몇 살,
몰래 삼킨 소주처럼
속에서만 들끓던 뜨거움이란,
그때가 아니고는
차마 못 겪을 일이라서

한 길을 가거나
딴 길을 가거나
귀머거리 사월의
타는 속내를 까먹기라도 할까 봐

창문 너머 뚝뚝 눈물 떨구던
그날의 꽃나무처럼
시방도 그렇게 뜨거워져서는

부처의 오른손

라오스의 부처들은 오른손을 무릎 위에 가만히 올려놓았다
유난히 긴 손가락들을 가지런히 뻗고서
어느 하나 쥘 것도 버릴 것도 없는,
가난만이 지닌 전부인 사람들처럼
텅 빈 자세로 둥근 미소를 짓는다
엄지와 검지를 동그랗게 하고 있는
우리나라 부처의 오른손이 가리키는 건
지금은 도대체 뭔지,
기다란 손가락들을 가지런히 펼치고 있는
저들 나라의 부처들을 보면서
오른손의 까닭을 곰곰이 헤아려본다
땅에서 공중으로, 공중에서 다시 땅으로
희한하게 뻗은 줄기들이 몸통과 하나를 이룬
저들 나라의 콕사이 나무들처럼
매끈하게 빠진 손가락들을 반듯하게 뻗고서
절반쯤은 부서져 나간 꽃 좌대에 앉아 있는
라오스의 부처들,
아픈 생채기로 얼룩진 한 나라의

어제와 오늘을 나란히 어루만지는
저 커다란 손이 아니라면
무엇으로 내일을 꿈꿀 수 있을까.
한 손을 슬며시 무릎 위에 내려놓으며
저들처럼 나도 부처의 오른손 아래
나를 가만히 세워보는 것이다

나뭇잎 경(經)을 듣다

법화산* 오르다 마주친, 다 붉기도 전에 떨어져 내리는 단풍잎들

법화경 책장 한번 못 넘겨보고 소나무 사이로 냅다 달아나는 다람쥐동자승처럼, 나도

산꼭대기엔 못 오르고 맨땅에서 좌선하는 나뭇잎 경(經) 외는 소리나 주워듣다

괜히 한쪽 귀만 먹먹해져서는,

아무것도 든 게 없는 머릿속일망정 애써 비우는 척 해볼 일이다

---

*경기도 용인시 소재.

거미

벌레를 삼킬 때면 거미는
성대를 집중적으로 씹어대는 게지.

입을 한껏 벌리고
하찮은 살덩이 대신
성대의 잔주름 속에 깃들어 있을

한낮의 공기를 흔들어대던 절정의 코러스를
뱃속에다 쌓아두려는 게지.

허공이 흔들릴 때미디
바람의 손가락이 튕겨내는
눈부신 소리들,

타고난 음악 수집가인 거미는
벌레들이 죽어가면서 내지른
노래의 끝마디를
기어이 연주하고 싶었던 게지.

둥글고 붉은,

가을은 붉고 둥글다
누군가 칼질 한 번으로
시간의 모서리를 둥글게 만들었다
열매 속으로 스미는 햇살의
붉은 기억들,
과즙 냄새 풍기는 노을로
새들이 아스라이 멀어져 간다
저수지 굴곡 따라 모퉁이를 돌던
그림자 걸음이
비탈 앞에서 제자리를 맴돌 때
새들은 잠깐 중심을 놓친다
서쪽으로 간신히 기운 벼랑 따라
가파른 걸음으로 산등성이를 넘는
새들의 날갯짓,
저기 어디엔가
내가 가야 할 길이 놓여 있으리
낡은 시집 뒤표지에 적힌
깨알 글씨 이름처럼

조금은 빛이 바래서 더 반짝이는
가을의,
붉고 둥근 넋으로 물드는
서쪽 하늘가
다가갈수록 멀어지는 그림자,
끝자락 숨결로 꽃피울
나의 한 소절

연싸움

요즘 같으면 어림없겠지만,
우리 소싯적엔
눈싸움 닭싸움 말고도
꽃 이파리 하나씩 떼어가며
미움 한 점 없이
희한한 싸움을 하곤 했지.
연들을 공중에 띄우고
누가 더 멀리 날려 보내나
연싸움을 벌인 적도 있지.
웃기는 일이야 툭하면 생겨도
웃을 일은 별로 없던 그때,
이긴 사람은 그대로 남고
진 사람을 먼 데로 보내주는
이상한 싸움이었지. 그건
제대로 붙기도 전에 승패가 결정 난
요즘 같은 때는 꿈도 못 꿀 일.
엄마 뱃속에서부터 승자가 된
그런 애들은 모르겠지만

우리는 또 연을 날리며
바람 거셀수록 팽팽해지는
눈 밖의 나라를
짜릿한 손맛으로 느껴가며
빛나는 패자의 길을 걸어가고 있지.
턱도 없는 말이겠지만
지금 같은 세상에서도.

11월

이맘때면 나무도 전립선비대증을 앓는지

흉하게 굵어진 가지엔 이파리 하나 안 보인다.

고개 수그린 사내의 신을 적시는 방울들,

가빠지는 숨소리가 첫서리로 흩날리고

밭은기침 소리에 놀라 떨어지는 나뭇잎들,

창백한 웃음소리 빈 가지를 흔들어댄다.

하얀 국화

친구의 장례식장에서 만난 그 여자,

울음 마른 어린 상주가
눈꺼풀의 무게를 못 이기고 주저앉는
새벽녘

어린 상주의 등 너머 피어난
희디흰 꽃,
살짝 벌어진 옷매무새 틈으로 보이는
살결이 서럽게도 예쁘더라

느닷없는 부고와
죽음에서 멀어지려 할수록
조금씩 그쪽으로 가까워지는 발길이
한자리에서 마주치는 순간,

그날은 불빛도
바닥 쪽에서만 반짝였다

거울 속 꽃나무

거울 속에 내가 안 보인다
딱딱해진 공기의 결을 헤치고
바람은 꽃나무를 건드리지만
거울 속 붉은 꽃에게선
아무런 냄새도 나지 않는다
거울에 비치지 않는
나는 어디에 가 있을까
꽃 냄새도 못 풍기면서
제 이름의 굴레를 벗지 못하는
저 꽃나무처럼 나도,
시의 허울을 뒤집어쓰고
낯익은 길을 모르는 척
어제처럼 걸어가는 중일까
거울에 안 보이는 나는
툭하면 낯설어지는 어디쯤에서
제 이름을 지우고 있을 텐데
거울 앞의 나는
오늘 또 제자리걸음을 걷는다

거울 속 꽃나무를 맴도는
나비의 그림자,
제 손으로 쌓은 벽을 마주하고 선
누군가의 그림자가 겹쳐 보인다

부론 삼도

  각자의 기원인, 세 갈래의 길을 가로질러온 사내 셋이 선술집에서 술잔을 부딪친다 창밖 은행잎 사이를 미끄러지는 11월의 마른 햇살들, 불현듯

  막혀버린 물길을 헤매다 하얗게 떠오른 물고기들, 오갈 데 없이 길바닥을 맴도는 농투성이들, 죽음보다 먹먹한 발길을 다짜고짜 가로막는 창백한 낯빛들,

  철 놓친 배나무 노란 종이꽃 하염없이 흩날리는 길모퉁이에서 만난 할머니는 가는귀가 먹었다 할머니의 히치하이킹을 따라 무작정 달려가다 마주친 단풍 든 산자락에 그만 눈이 멀었다

  강물 막히고 나서 씨가 말라버린 물고기들이
  농투성이들의 눈물 속을 헤엄쳐 가는

  부론 삼도 지나,

눈과 귀가 멀어버린 사내들이 다다른 곳은
가도 가도 늘 제자리인

歸來 또는 貴來였다

라디오

 노인은 고장 난 라디오처럼 자꾸 지지직거렸다. 탈골된 뼈들끼리 부딪히는 둔탁한 파열음이 간간이 새어나오는 낡은 스피커. 녹슨 목울대가 가끔씩 소리를 놓치기라도 할 때면 벽에 걸린 풍경화는 턱, 턱, 검은 침묵 속으로 잠겨들곤 했다. 구름도 울고 넘는 산 아래 그 옛날 살던 고향이 있던* 곳을 지나칠 때마다 안개 속을 헤매는 노인의 발음은 툭하면 받침을 놓치곤 했다. 조그만 리어카에 매달려 가는 좁은 보폭에 가로막힌 노랫가락을 차도 쪽에서 다가온 불협화음이 한입에 삼켜버렸다. 라디오에서는 더는 아무 소리도 들리지 않았다.

---

*오기택의 노래 〈고향무정〉에서.

해설

상실과 생성의 변증법
―박완호 시집 『기억을 만난 적 있나요?』 읽기

오민석(문학평론가·단국대 교수)

I.

박완호의 시를 끌고 가는 것은 존재들 사이의 끌어당기는 힘이다. 그것은 분리와 해체를 거부하고 합쳐지고 겹쳐지려는 힘이며, 이런 점에서 프로이트의 '에로스(Eros)'를 닮았다. 그것은 구성과 생성, 창조와 생명성을 지향한다. 그에게 있어서 인력(引力)은 '만물을 생기게 하는 기원이 되는 힘', 즉 인력(因力)이다. 그는 불화의 세계 속에서 세계를 밀어내지 않고 끌어당긴다. '밀힘'이 아니라 '끌힘'이 그의 원동력이다.

    연두의 말이 들리는 저녁이다 간밤 비 맞은 연두의 이
  마가 초록에 들어서기 직전이다 한 연두가 또 한 연두를 낳는, 한 연두가 또 한 연두를 부르는 시간이다 너를 떠올리면 널 닮은 연두가 살랑대는, 널 부르면 네 목소리 닮은 연두가 술렁이는, 달아오른 햇살들을 피해 다니는 동안 너를 떠올렸다 아무 소리도 들리지 않는 지점에 닿을 때까지 네 이름을 불렀다 지금은, 나를 부르는 네 목소리가 들려올 무렵이다

—「연두의 저녁」 전문

박완호의 주체는 마침내 '합일'에 이를 때까지 사물을 부르고, 떠올리고 또 부른다. 박완호의 시들은 다른 존재와의 '연결'과 '합체(合體)'를 향해 항상 "술렁이는" 상태에 있다. 그것은 주체하지 못하는 에너지와 같아서 늘 타자를 향해 넘쳐흐른다. 프로이트에 의하면 이것은 일종의 '생명본능'이다. 그것은 내 몸 밖의 타자를 갈구하는 욕망이며, 그것과 하나가 됨으로써 다른 존재를 낳는("한 연두가 또 한 연두를 낳는") 생성의 뿌리 깊은 욕구이다.

말할 때마다 입에서 파란 잎사귀가 톡톡 돋는 여자. 새순 같은 팔다리를 쑥쑥 내밀면 손발가락 사이에서 붉은 꽃들이 피어나는 여자. 죽어서 꽃나무가 되고 싶은 여자. 나는,

그녀의 손이 가닿는 자리마다 눈뜨는 연둣빛 떡잎이었

다. 발그레한 꽃봉오리였다. 허공에 살포시 번지는 나비의 숨결이었다. 고요 직전의 단말마, 거칠게 몰아치던 빗줄기였다.

저 꽃은, 아까만 해도 숨이 멎어 있었는데 그녀의 손이 닿자 갑자기 감았던 눈을 뜨네. 꽃나무의 넋은, 그녀의 어디쯤 깃들었다가 꽃의 숨결을 일깨운 걸까?

끝났다 싶은 사랑의, 문득
문득, 되살아나는
소스라치는 감각 같은, 그녀는

애초부터 꽃나무인, 꽃나무가 아니면 아무것도 아닌,
나의 꽃나무인, 나를 꽃나무로 만드는, 단 하나의!
─「꽃나무 여자」 전문

박완호의 시들은 죽은 혹은 죽어가는 존재("끝났다 싶은 사랑")를 건드려("손이 닿자") 생명의 잔치로 불러들이는 '봄의 사건'들이다. 존재의 "감았던 눈"을 뜨게 하고 그것의 "숨결"을 깨워내는 힘은 마치 엘리엇(T. S. Eliot)의 '황무지'에 내리는 4월의 봄비 같다. "죽은 땅에서 라일락을 피우고/추억과 욕망을 뒤섞으며, 봄비로/생기 없는 뿌리를 자극"하는 힘은 그대로 박완호의 시를 밀고 가는 동력이다. 박완호의 시들은 죽음을 거부하며 (혹은 애써 잊고자 하며) 끊임없이 생명의 탈주선(脫走線)을 탄다.

> 서로 다른 쪽으로 걸어가는 두 걸음이
> 둘인 듯 하나인 듯 겹치는 순간, 나무는
> 사람의 눈을 뜨고 사람의 꿈을 꾸기 시작한다.
> (……)
> 어딘가를 향해 당장이라도 달려갈 것만 같은
> 누군가에게로 이미 다가서고 있을 것만 같은
> ―「사람나무―이길래 작가의 〈인송(人松)〉」 부분

그가 주목하는 것은 사물과 사물, 존재와 존재 사이의 '뜨거운' 당김("어딘가를 향해 당장이라도 달려갈 것만 같은")이다. 만남과 겹침이 없이 생성과 생명은 없다. 만남과 겹침이 끝날 때 모든 존재는 죽음의 정거장에 도달한다. 존재들의 겹침과 합쳐짐은 생성을 향한 집요한 '탐닉'이며, 그런 의미에서 죽음으로부터의 탈주이다. 아무도, 아무것도 그것을 말릴 수 없다.

> 분수대 옆 화단, 길을 지나던 개가 우두커니 서서 노란
> 꽃의 얼굴을 뚫어져라 들여다본다, 산들
>
> 산들, 콧구멍으로 숨결이 거칠게 들락거릴 때마다 노

란 입술을 오므렸다 폈다 하며 꽃은

　저를 처다보는 낯선 얼굴 쪽으로 고개를 들이미는데,
둘은 무슨 생각을 하는 건지,

　꽃봉오리를 처다보다 입을 맞추다 하는 개의 콧등에
묻은 노랑무늬가 풀풀 흩어질 때, 담장 위에서는

　얼룩줄무늬고양이가 납작 엎드려서는 둘이 주고받는
수작을 눈에 새겨 넣는 중이었다
　　　　　　　　　　　　　　　　　―「탐닉」 전문

　한 존재가 다른 존재를 마주하고 숨결을 "거칠게 들락거릴 때", 다른 존재가 그것을 보고 "노란 입술을 오므렸다 폈다" 할 때, 존재는 생명성의 최고의 강밀도(intensity)의 상태에 있는 것이다. 그 "탐닉"과 "수작"이 세계를 생성한다.

II.

　박완호 시인은 왜 이렇게 존재들 사이의 끌어당김, 합일, 합체, 생성에 '탐닉'할까. 그것은 바로 죽음 혹은 상실에 대한 경계 때문이다. 생성을 향한 그의 '무의식적' 욕망의 밑바닥에는 "언 발을 동동 굴러가며 아버지를 기다리는 열 몇 살짜리" 아이가 있다. "마흔셋에 떠난 엄마나 환갑도 못 채우고 간 아버지"(「담」)는 박완호의 씻을 수 없는 트라우마이다. 그는 유년 시절, 의지와 무관하게 모체로부터 절단되었으며, 곧이어 부성(父性)으로부터도 단절되었다. 순식간에 그에게서 세계가 사라졌으며, 모든 것이 존재에서 부재로 바뀌었다.

> 엄마, 하고 부르면 음매, 하고 따라 울었다. 여물을 씹다 말고 어미 소가 뒤를 돌아보았다. 담장 너머 살구가 노을에 물들어 갔다.
>
> ─「구봉리 2」 부분

"어미 소"가 부재하는 "엄마"를 대신하는 상황이 그의 유년이다. 어미 소가 "음매" 하고 화답할 때, 그곳에는 현존(presence) 대신 텅 빈 부재(absence)가 존재한다. "담장 너머 살구가 노을에 물들어" 가는 모습은 황당한 부재의 중심에 버려져 있는 한 유년의 서글프고 쓸쓸한 내면의 풍경이다.

> 나는 급소가 너무 많다
> 감추고 싶은 게 생길 때마다 하나씩 늘어난다
> 툭하면 자리가 바뀌는 탓에
> 어디가 급소인지 깜빡할 때도 있다
>
> 아까도 한방 제대로 맞았지만

어제의 급소는 말짱한 대신
난데없는 헛손질이 그만
오늘의 급소를 건드렸다

바로 거길 가려야 해
가장 치명적인 곳, 하지만
벼락은 늘 낯선 자리에 와 꽂힌다

오래전 내 급소는 엄마였다
엄마란 말만 들어도 죽고 싶었던,
죽는 게 꿈이었던 날들

엄마를 지나 아버지를 지나 또 누구누구를 지나
자꾸 급소가 바뀌어 간다

이제는 급소가 너무 많아
눈을 씻고 봐도 안 보이는,
아무 데도 없는 것들 때문에 아파질 때가 있다 지금은

얼굴 없는 당신이 가장 치명적인 급소이다
─「급소」 전문

화자는 "내 급소는 엄마"라고 말하면서도 그 급소가 "아버지를 지나" 자꾸 "바뀌어 간다"고 고백한다. 그러나 내가 볼 때 이 바뀜은 (부재에 인접한 것들로의) 환유적 전치(轉置)이지 다른 것들로의 전이가 아니다. 그에게 있어서 급소는 여전히 "아무 데도 없는 것들"이다. 그를 아프게 하는 것은 바로 이 영원히 사라진 것들이고, 그 부재의 중심은 여전히 엄마와 아버지이다. 그는 어느 날 모든 것이 갑자기 "송두리째 지워"(「이별의 발성」)져 '허공'이 되어버린 상태에서, 모든 것이 완전히 복원된 '현존'의 상태로 돌아가기를 꿈꾼다. 그는 상실과 분리, 분열 이전, 즉 탯줄이 끊어지기 이전의 상상계(the Imaginary)를 꿈꾼다.

> 돌아갈 수 있다면 그리운 그녀의
> 자궁 어디쯤 꽃밭 하나 동그랗게 일구고 싶네.
> 붉고 노란 꽃들도 좋지만
> 소복처럼 희디흰
> 꽃들을 골라 한쪽에 모아두고
> 기도하듯 날마다 손길로 어루만지며
> 엄마, 엄마 하고 나지막이 속삭여야지.
> 그럼 꽃들은 우쭐, 작은 봉오리를 일으키고는
> 엄마 눈썹처럼 살짝 흔들리기까지 하면서
> 나를 가볍게 달래주겠지. 나는
> 꽃이 낳은 자식.
> 내 속엔 꽃의 분홍, 꽃의 노랑, 꽃의 빨강

또 꽃의 하양이 한꺼번에 고여 있지.

나는 꽃을 노래하는, 꽃의 아이.

바람 불 때마다 은근슬쩍 춤도 춰 가며

내 속을 흐르는 하얀 꽃의 유전자를 피워내고 있네.

다시 돌아갈 수만 있다면 나는

그녀의 둥근 꽃밭에 피는

어리고 새하얀 꽃이 되고 싶네.

자궁 속 한 점 꽃의 숨결로 맺혔다가

첫 숨 내쉬듯 봉오리를 환하게 열어젖히며

그녀의 첫 기쁨이 되고 싶네. 그녀의

다섯 손가락 가운데 하나,

세상 하나뿐인 그 꽃이 되고 싶네.

―「꽃의 아이」 전문

 화자는 '자궁으로의 회귀'를 꿈꾸고 있다. 자궁 속의 태아는 세계와 분리되어 있지 않다. 분리는커녕 태아에게 있어서 주체는 세계이고 세계는 곧 주체이다. 그것들은 서로를 마주보는 거울이다. 그들에게 거울상은 허상이 아니라 실상이다. 또한 태아의 주체 내부 어디에도 분열과 분리가 존재하지 않는다. 그것은 온전한 합일의 상태에 있다. 화자는 분열의 상징계(the Symbolic)에서 (그 모든 분리와 단절 이전의) 상상계로의 회귀를 꿈꾸고 있다. "자궁 속 한 점 꽃의 숨결"로 돌아가려는 그의 욕망은 얼마나 간절한가. 사담(私談)이지만, 나는 언젠가 그가 자신의 어머니와 아버지의 죽음에 대하여 쓴 산문을 본 적이 있다. 그의 슬픔은 유사경험이 전혀 없는 내게도 바로 전이되어서, 그날 나는 어디 사람 없는 강가에라도 가서 한나절을 실컷 울고 싶었다. 어머니, 아버지와 관련된 그의 슬픔은 하도 공명이 커서 세상의 모든 슬픔과 결합되는 것이었고, 한 독자에 불과했던 나는 그의 설움이 온전히 나의 설움으로 넘어오는 것을 느꼈다. 이런 맥락에서 볼 때, 위의 시는 매우 절절하다. 사실 탯줄이 끊어진 모든 개체들은 스스로의 죽음을 향해 평생 살아가는 동안 얼마나 많은 시련과 고통과 슬픔의 터널을 통과하는가. 따라서 이 시가 보여주는 모체 회귀의 꿈은 박완호 시인뿐만 아니라 모체로부터 분리된 모든 개체들의 무의식에 깔려 있는 욕망이다. 다른 시에서 그는 어머니를 "단단한 믿음이 꽃을 피우기도 전/느닷없이 신전을 떠나버린/나의 마리아"(「배교자」)라고 부르고 있다. 사실 시기가 문제이지 우리 모두는 상상계의 신전에서 쫓겨난 자들이다. 결핍은 욕구를 낳고 욕구는 욕망을 낳는다. 상실의 공포는 회귀의 욕구를 낳고, 회귀의 욕구는 생성의 욕망을 낳는다.

III.

부재와 분리의 아픔에서 비롯된 박완호의 '관계 지향성'은

사회적 상상력으로 확산된다. 앞에서 살펴보았듯이 그는 자기 안으로 타자들을 끊임없이 끌어당기는데, 이 당김의 촉수는 사적 개체들로 한정되지 않고 공공 담론으로 확대된다. 마치 산과 계곡과 들판의 작은 물줄기들이 결국은 만나 강물을 이루고 바다가 되는 것처럼 사사로운 존재들의 끝없는 결합과 겹침은 마침내 그것의 총계인 사회에 다다르는 것이다. 그의 에로스가 사적 층위에 머무르지 않고 "수많은 잎들이 하나의 이름으로 반짝이는 순간"(「시월」)과 마주칠 때, 우리는 트라우마에 어렵게 빠져나온 한 건강한 영혼을 만난다.

> 그날, 촛불 한가운데 서 있던 농인(聾人) 설혜임 씨는 다른 사람들이 외치는 소리가 들리지는 않아도 가슴이 팡팡 울렸다고 했다. 아름다운 소리는 귀가 아닌 가슴에 먼저 가닿는 걸까. 어느 순간 설혜임 씨의 박동 소리에 맞춰 나의 가슴도 팡팡 울리기 시작했다. 유모차에 앉은 어린아이의 눈부처가 해맑게 반짝일 때, 한꺼번에 두드리는 백만의 북소리가 광장의 어둠을 조금씩 밝혀가고 있었다.
>
> ―「광화문 연가」 전문

이 시는 사회성 속에서 감각계를 뛰어넘는 '관계'의 겹침과 확산 그리고 울림을 잘 보여준다. "아름다운 소리"는 귀가 없어도 들을 수 있다. 그것은 가슴의 울림을 통해 존재와 존재를 이어주며 "어린아이의 눈부처"를 반짝이게 만들고, 시대의 어둠을 밝혀준다. 우리는 이 시에서 (어머니 부재의) 어두운 골방에서 빠져나와 마침내 "광장"의 관계 속으로 나온 건강한 '사회적' 자아를 본다. 그의 다른 시들, 예컨대 「압록 애인」과 「노동당사에서 사랑을 꿈꾸다」와 같은 시들 역시 서정적인 터치로 분단의 현실과 그 현실에 대한 애틋한 사랑을 잘 보여준다.

> 노동당사에서 한때의 사랑을 꿈꾸었다.
> 오래전 당신이 앉았을 곳을 찾아
> 텅 빈 자리를 짚어가는 바람과
> 앞선 발자국을 가만히 뒤따르는 키 작은 그림자,
> 나의 사랑은 그런 것이다.
> 부서진 계단을 오르다 말고
> 남쪽을 바라보는
> 당신의 속 깊은 눈빛 닮은 노을이
> 한쪽으로 쏠리는 머리카락을 물들일 때, 나는
> 부러진 가지 끝 빛바랜 솔잎을 스치는 바람처럼
> 무너진 벽에 기대어 선 어깨에 얹히는
> 석양의 손짓을 따라
> 북쪽 하늘을 천천히 색칠할 것이다.
> 외로이 서 있는 우리의 시간이
> 흐릿해지는 산 그림자 속으로 깃들고

금 간 벽을 울리는 노랫소리가

서로를 스스럼없이 넘나들기 시작할 때

추억마저 황폐해진 이곳에서 나는

결코 색바래선 안 될

당신의 한때를 떠올리고 있었다.

―「노동당사에서 사랑을 꿈꾸다」 전문

우리는 이 시에서 그의 시의 동력이 사회 담론으로 확산되었을지라도 여전히 '사랑'임을 확인한다. 그는 남과 북의 관계를 애틋한 사랑의 관계로 재현함으로써 남과 북이 "서로를 스스럼없이 넘나"드는, '겹침'의 상태를 꿈꾼다. 사랑은 "추억마저 황폐해진" 공간에 울리는 "노랫소리"이며, "속 깊은 눈빛"이다. 이 대목에서 우리는 정치, 특히 문학의 정치가, 권력의 분배가 아니라 다름 아닌 "감성의 나눔(distribution of the sensible)"(랑시에르 J. Rancière)임을 다시 확인하게 된다.

Ⅳ.

이번 시집에서 박완호는 훨씬 자유로워진 자신을 보여준다. 이것은 그가 사건의 '감성적 구속성'으로부터 완연히 벗어났음을 의미한다. 박완호는 진지함에 갇혀 있지 않고 가벼운 터치로 자유로운 서정성을 노래하는 단계에 이르렀다.

고양이가 봄을 할퀴자
허공에서 핏물이 흘렀다

꽃이라는 이름의,

붉은 혀를 내밀며
가늘고 긴 모가지들이
천천히 봄을 조율하고

손톱에 찢긴 하늘에서는
나비들이 쏟아져 나왔다

―「삼월」 전문

흰 고양이들 지붕 위를
소리 없이 건너다녀요

창문 밖 출렁이는 나뭇가지마다
반짝이는 울음 매달고

가로등 불빛 따라
사뿐사뿐 맨발로 뛰어가요

그만 들어오라고

엄마가 부르지 않았다면 나도

고양이랑 나란히
어디론가 달려가고 있을 걸요

―「함박눈」 전문

일종의 '고양이' 연작이라고 할 이 두 시를 주목하는 이유가 있다. 이 시들은 봄이 오는 풍경과 "함박눈"이 내리는 장면을 고양이를 빌려 그리고 있는데 나는 이 시들을 읽으면서 광기와 우상 파괴의 폭풍이 잠들 무렵 '고양이' 연작을 썼던 샤를 보들레르(C. Baudelaire)를 떠올린다. 이 시들은 고양이의 날렵하고 자유로운 움직임으로 꽃을 부르고 함박눈을 내리게 한다. 어두운 상처에서 해방된 영혼은 이제 고양이처럼 가볍고 경쾌하게 사물들을 호명할 수 있게 되었다. 고양이는 마치 즐거운 미술사처럼 허공을 할퀴어 꽃을 만들어내고 나비들을 쏟아낸다. 고양이는 수많은 함박눈으로 변하여 "나뭇가지마다/반짝이는 울음 매달고" "가로등 불빛 따라/사뿐사뿐 맨발로" 뛰어다닌다. 박완호의 상상력은 이제 고양이의 발걸음처럼 "사뿐사뿐" 가벼워져서 "울음"도 반짝이게 만드는 힘을 가졌다. 그러나 이 힘은 상처를 피하지 않고 그것의 원인을 직시하며, 오래 대면한 자만이 마침내 얻을 수 있는 힘이다.

이 도서의 국립중앙도서관 출판시도서목록(CIP)은 서지정보유통지원시스템 홈페이지
(http://seoji.nl.go.kr)와 국가자료공동목록시스템(http://www.nl.go.kr/kolisnet)에서
이용하실 수 있습니다.(CIP제어번호: CIP2018007517)

시인동네 시인선 089
기억을 만난 적 있나요?
ⓒ박완호

초판 1쇄 인쇄	2018년 3월 12일
초판 1쇄 발행	2018년 3월 19일
지은이	박완호
펴낸이	고영
책임편집	서윤후
디자인	헤이존
펴낸곳	문학의전당
출판등록	제2017-000002호
주소	서울시 마포구 마포대로 11길 91, 3층
전화	02-852-1977 팩스 02-852-1978
전자우편	sbpoem@naver.com
ISBN	979-11-5896-362-0 03810

*이 책의 판권은 지은이와 문학의전당에 있습니다.
*양측의 서면 동의 없는 무단 전재 및 복제를 금합니다.
*잘못 만들어진 책은 바꿔드립니다.